HƏYATIN
ACI GİRDABI

Derek Prince Ministries
P.O. Box 19501
Charlotte, NC 28219
USA
www.derekprince.com

HƏYATIN ACI GİRDABI

Derek Prins

Bakı 2017

ISBN: 978-1-78263-626-7

MÜNDƏRİCAT

GİRİŞ SÖZÜ

Bu kitabda verilən təlim möcüzə ilə Misir köləliyindən çışmış, Qırmızı Dənizin suları arasında quru yer ilə keçmiş Allahın xalqı olan İsrailin tarixindən bir hadisəyə əsaslanır. Bu hadisə Çıxış 15:19-26-də qeyd olunur. Birincisi, biz Çıxış 15:19-21-də möcüzəli qurtuluşun kulminasiya nöqtəsinə nəzər salacağıq:

Fironun atları, döyüş arabaları və atlılar dənizin bölünmüş suları arası ilə keçəndə, Rəbb onların üzərində dənizin sularını geri gətirdi, İsraillilər isə quru yer ilə dənizi keçirdilər. Sonra Harunun bacısı Məryəm peyğəmbərlik edərək əlinə qaval götürdü və bütün qadınlar dəflə, rəqslər ilə onun ardınca getdilər. Məryəm nəğmə oxuyurdu:

«Rəbbə ilahi oxuyun, çox böyük zəfər çaldı. Atı və süvariləri dənizə tulladı!».

Bu, doğrudan da çox böyük zəfər idi, elə deyilmi? İsrail Qırmızı Dənizin möcüzə ilə ayrılmış suları arasında quru yer ilə keçmişdi. Sonra onların düşmənləri olan Misirlilər onları təqib edirdi, Allah isə suları birləşdirərək Misirlilərin üzərində birləşdirdi; onları su örtdü. Beləliklə, Öz xalqını təqib edən düşmənin bütün ordusuna son qoydu. Bir nəfər Misirli belə sağ qalmadı.

Mən əminəm ki, İsraillilər bütün bəlalarının bitdiyini zənn etdilər və Müqəddəs Torpağa səyahətlərinin qalan hissəsinin asan və rahat olacağına əmin idilər. Nəticədə onlar qarşıda onları gözləyən çətinliklərə hazırlıqsız oldular. Çıxış 15:22-24-də təsvir edilən böyük qurtuluşdan sonra bu baş verdi:

Musa İsraili Qırmızı Dənizdən çıxartdı və onlar Şur Səhrasına getdilər. Üç gün ərzində onlar su axtararaq səhrada səyahət etdilər. Onlar Maraha gələndə, suyu içə bilmədilər, çünki su acı idi. (Məhz buna görə bu yer "Marah» adlanır. İbrani dilində "Marah» sözü "acı» deməkdir.) Beləliklə insanlar Musaya qarşı çıxıb deyinirdilər: «Biz nə içəcəyik?»

Bir anlığa bu hadisə yerini təsəvvür edin: onlar şanlı qurtuluş yaşadılar; onlar qalib idi, özlərini yüksəkdə hiss edirdilər; onlar hər şeyi Allahın nəzarəti altında olduğuna əmin idilər. Sonra isə deyir ki, onlar Musanın rəhbərliyi ilə, Allah başda olmaqla, Şur səhrasına getdilər. Bu səhrada onlar üç gün su tapmadan gedirdilər. Əlbəttə ki, onların özləri ilə tuluqlarında su ehtiyatı var idi, ancaq, yəqin, ehtiyat tükənirdi. Uşaqlar və mal-qara susuzluqdan əziyyət çəkməyə başlamışdı; isti və tozlu yol onları yormuşdu.

Sonra uzaqdan, onlar Marah adlanan bu hovuzda suyun parıltısını gördülər. Onlardan bəziləri susuzluğunu söndürmək üçün qaçmağa başladılar. Lakin, dayanıb içməyə başlayanda acı məyusluqla rastlaşdılar. Su o qədər acı idi ki, onlar içə bilmədilər.

İnsanlar bu vəziyyət üçün tamamilə hazır deyildi. Onlar təsəvvür edə bilmirdilər ki, onlarla belə bir şey baş verə bilər. Axı, Allah Özü onlara rəhbərlik edirdi və onlar yenicə böyük qurtuluş və qələbə görmüşdülər. İnsanlar hazır deyidi, amma hazır olan yalnız bir şəxs var idi, bu da, Allah Özü idi. İcazə verin sizə bunu deyim: biz hazır olmadığımızı dəfələrlə hiss edə bilərik, Allah isə həmişə hazırdır. Allah heç vaxt çətin vəziyyətə düşmür. Allah heç vaxt çıxılmaz vəziyyətlə üzləşmir.

Adamlar deyinirdi, amma Musa dua etmək istəyirdi. Alimlər hesablamışlar ki, yəqin, orada üç milyon İsraillilər var idi. Eyni zamanda deyinən üç milyon adamın səsini təsəvvür edin! Əminəm ki, Musa dua edərək hətta öz səsini eşidə bilmirdi. Amma Musa ağıllı seçim edərək dua etdi və görün nəticədə nə oldu (Çıxış 15:25-26):

Musa Rəbbi çağırdı və Rəbb bir odun [ağac] parçasını ona göstərdi. Musa onu suya atdı və su şirin oldu. Orada Rəbb onlar üçün əmrlər və qanun verdi, onları orada sınadı. O dedi: «Əgər siz Allahınız Rəbbin səsinə qulaq asıb Onun gözündə doğru olsanız, Onun əmrlərini dinləyib bütün qanunlarına riayət etsəniz, Misirlilərə verdiyim xəstəliklərin heç birini sizə verməyəcəyəm. Çünki sizə şəfa verən Rəbb Mənəm».

İlk öncə, mən «ağac» sözü haqqında bir neçə söz demək istəyirəm. İbrani dilində «ağac» sözü bitən ağac üçün istifadə olunur; lakin qırılmış, kəsilmiş, hətta uzun taxta və ya tir üçün də "ağac" sözü istifadə olunur. Burada deyilmir: ağac bitirdi və Musa onu kəsməli idi, yoxsa ağac kəsilmiş idi. Amma necə olursa-olsun, bu vəziyyətdə ağac çox mühüm oldu. Musa ağacı götürüb suya atanda, su şirin oldu.

Bunu yadda saxlamaq vacibdir: Kitab suyu şirin edən ağacın olduğunu demir. Ağac sehrli deyildi. Suyu şirin edən Allahın fövqəltəbii qüvvəsi idi. Ağacı suya atmaq

– Allahın möcüzəvi qüvvəsini suya istiqamətləndirən iman hərəkəti idi. Bizim həyatımızda da Allahın möcüzəvi qüvvəsi belə fəal olur. Möcüzəvi qüvvəni fəal etmək üçün imanla hərəkət etmək lazımdır. Allahın möcüzəvi qüvvəsini fəal edən və onu ehtiyac duyduğumuz vəziyyətə gətirən məhz iman hərəkətidir.

Bu prinsip daha sonra Əhdi-Ətiqdə, Elişa peyğəmbərin xidmətində bir neçə dəfə nümayiş olunur. Məsələn, Yerixo şəhərinin yanında pis suyu olan bir çay axırdı; su torpağı bəhrəsiz edirdi, insanlar bu suyu içə bilmirdi. Elişa sadəcə, bir az duz götürüb onu suya atdı və dedi: « Rəbb belə deyir: "Bu suları pak edirəm, artıq onda ölüm və bəhərsizlik olmayacaq»« (2Padşahlar 2:19-21). Suyu duz deyil, Allahın fövqəltəbii qüvvəsi yaxşı etdi. Suya duzu tökmək Allahın fövqəltəbii qüdrətini fəal etdi. Prinsip budur. İnam hərəkəti Allahın möcüzəvi qüdrətini fəal edir. Maraqlıdır ki, siz bu gün İyerixoya gedib həmin axan çayı görə bilərsiniz. Çayın adı "Elişanın axını»-dır. Su hələ də saf və təmizdir. Beləliklə, bu, uzunmüddətli təsiri olan möcüzə idi.

Başqa bir vəziyyətdə, Elişa zəhərlənmiş xörək gördü. İnsanlar əziyyət çəkə, bəlkə də ölə bilərdi. Elişa bir az un götürüb qazana atdı və dedi: «Adamlar üçün tök, yesinlər» (2 Padşahlar 4:38-41). Zəhərə əks-təsir göstərən un deyildi, Allahın fövqəltəbii qüvvəsi idi. Allahın fövqəltəbii gücü inam hərəkəti ilə fəal oldu.

Acı su ilə də eyni şey baş verdi. Musa ağacı suya atdı və ağacı atmaq hərəkəti Allahın qüdrətini fəal etdi və nəticədə acı su şirin oldu.

Bu hadisə üç min il əvvəl baş vermişdir, amma həqiqət Musanın dövründə olduğu kimi, bu gün də aydın və realdır. Biz birlikdə bu həqiqətlərin bəzilərinə nəzər salacağıq və onların bizim həyatımıza və vəziyyətimizə necə aid olmasını öyrənəcəyik.

Nəzər saldığımız acı su hadisəsindən iki ibrət dərsi mənə çox böyük təsir göstərir. Birinci dərs budur: böyük qələbələr bizi böyük sınaqlar üçün hazırlayır. Allah sizə böyük qurtuluş verir, məsələn, böyük qələbə, xeyir-dua, şəfa və ya başqa bir şey. Bu o demək deyil ki, siz həyatınızın qalan hissəsini daha sınaqsız yaşayacaqsınız. Əksinə, qələbə nə qədər böyük olursa, bu qələbənin əsasında üzləşə biləcəyiniz sınaq da o qədər böyük olacaq. Bu, İsrailin səhvi idi. Onlar düşünürdülər ki, möhtəşəm qurtuluş yaşadıqlarına görə, heç bir şey heç vaxt onların imanını daha sınaya bilməz. Nəticədə, onlar acı hovuza yaxınlaşanda hazır olmadılar. Dua etmək əvəzinə onlar deyindilər.

İkinci dərs də həyati əhəmiyyət kəsb edir: acı hovuz Allahın planında idi. Əslində Allah Özü onları acı hovuza gətirib çıxartdı. Onları acı hovuza gətirməkdə Allahın məqsədi var idi. Bu, bizim həyatımızda da belədir. Bəzən Allah bizə acı hovuz ilə üzləşməyə imkan verir və Onun məqsədi var.

İcazə verin, üzləşə biləcəyimiz acı hovuzun bir neçə müasir nümunələrini sizə təqdim edim. Birincisi pozulmuş nikahdır. Bu gün bir çox adam boşanma ilə nəticələnmiş nikahın acı girdabına düşür: kədər, əzab, xəcalət. Bu, insanın şəxsiyyətinə dərin yaralara səbəb olur.

Acı girdabın başqa bir növü – işin alınmamasıdır. Ola bilsin, bir iş üzərində illərlə zəhmət çəkərək maliyyə cəhətdən özünüzü təmin etməyə çalışmısınız. Sonra isə, sizin idarə edə bilmədiyiniz bir vəziyyət (məsələn, iqtisadiyyatın dəyişməsi və s.) sizi çiçəklənən bir ölkədə qəpiksiz qoyur. Bu, acı girdabdır.

Bəlkə ağır xəstəlik keçirmisiniz; ayağınız sınmışdı və ya daha pis, ruhi və ya emosional xəstəlikdən əzab çəkmisiniz. İndi isə siz əvvəllər güclü, sağlam və qalib həyatın qırıq hissələrini bir yerə toplamağa çalışırsınız.

Acı girdabın daha bir növü – rəhbər ilə münasibətinizin pozulmasıdır. Bəlkə də siz var qüvvənizlə rəhbərə dəstək olmusunuz. Bu, dini lider, siyasi lider ola bilər; bu hətta valideyn də ola bilər. Vaxtilə etimad və hörmət etdiyiniz bu insanın gözləmədən qüsurlu tərəfini aşkar edirsiniz və o, sizi rədd edir. Etimadınız doğrulmadı.

❦

Sizə bir sual vermək istərdim: Allahın sizə acı girdabda vermək istədiyi dərsi öyrənməyə hazırsınızmı? Hazırsınızsa, bu kitabın qalan hissəsini oxumalısınız.

İsrailin məyusluğunu sizə təsvir etdim. Onlar şanlı qələbə yaşadılar. Şübhəsiz, onlar bütün problemlərinin birdəfəlik həll olunduğunu hesab etdilər. Sonra onlar üç gün səhrada su axtardılarş Onlar istidə yorğun, məyus idilər, çox susamışdılar. Onlar güəşin altında parıldayan suyu gördülər, ona tərəf qaçdılar, lakin içə bilmədilər, çünki çox acı idi. Bu dəhşətli idi, çox məyus oldular.

İnsanlar buna hazır deyidi. Onlar elə güman edirdilər ki, bu vaxtdan etibarən hər şey asan olacaq, daha iman sınaqları olmayacaq. Amma Allah nə etmək lazım olduğunu bilirdi. Allahın hər məsələ üçün cavabı var idi. Adam deyindilər və heç nə əldə edə bilmədilər; Musa dua etdi və Allah ona çıxış yolunu – əvvəlcədən hazırladığı ağacı göstərdi. Allah nə etmək lazım olduğunu bilirdi, lakin bu çıxış yolunu Musa yalnız dua vasitəsilə tapa bilərdi.

Müxtəlif vaxtlarda böyük və kiçik yığıncaqlarda çıxış edərək, mən insanlara sual verirəm: «Sizlərdən kim məyyus olub əzab çəkib?» Çox nadir hallarda «Mən heç vaxt məyus olmamışam» deyən adam tapılırdı. Məyyusluq hər birimizin qarşısına çıxır. İstəyirəm məyusluğu anlayasınız, məyusluqla üz-üzə gəlməyi və ondan faydalanmağı öyrənəsiz.

Həmin hekayədən bu gün həm mənə, həm də sizə aid olan iki ibrət dərsini sizə göstərdim. Birinci dərs ondan ibarətdir ki, böyük qələbələr böyük sınaqlara bizi hazırlayır. Böyük qələbələr daha heç bir sınağın olmayacağına zəmanət vermir. İkinci dərs ondan ibarətdir ki, acı girdab Allahın planında idi. Allah Özü insanları acı girdaba qəsdən gətirir, Onun məqsədi var.

Sonra mən bu gün də həyatımızda acı girdablara düşdüyümüzü qeyd etdim və bəzi nümunələr gətirdim: pozulmuş nikah, işdə uğursuzluq, xəstəlik, rəhbər ilə, hətta valideyn ilə münasibətlərin pozulması.

1

SINAĞIN MƏQSƏDİ

İndi mən bu hekayəni izah etməkdə davam edə-
cəyəm və sınağın məqsədi mövzusuna toxunaca-
ğam. Əsas məsələ həyatımızda sınağın olub-olmaması
deyil, sınağa münasibətimizdir. Marahda olan sınaq İs-
raillilərin problemli xasiyyətini – onların deyinməyini
aşkar etdi.

İcazə verin sizə bunu deyim: Müqəddəs Kitab deyin-
mək barədə heç bir ayədə yaxşı söz yazmır. Deyinmək
problemləri həll etmir, onları daha da böyüdür. De-
yinməklə insan heç vaxt problemindən çıxış yolu tapa
bilməz. Çətinliyə düşəndə deyinməyə başlayırsınızsa,
onda İsraillilər kimisiz. Xasiyyətindəki bu xüsusiyyət-
dən azad olmalısınız. Allah bu xasiyyətiniz barədə çox-
dan bilirdi, lakin daxilinizdə olanları aşkar edəsiz deyə,
sizi acı girdaba gəlirməyə məcburdur. Əslində, deyin-
mək xasiyyəti imansızlığın, naşükürlüyün, xudbinliyin
əlamətidir. Bütün bunlar bizim Rəbdə böyüməyimizə
mane olan çox ciddi problemlərdir.

Rəbb İsrail xalqını Marah hovuzundan daha uzaq-
lara aparamaq istəyirdi. Əslində, Allah xalqı vəd etdiyi
torpağa aparırdı. Amma əvvəlcə Marahda onların aş-
kar edildiyi xasiyyəti dəyişməli idi, əks halda onlar Vəd

olunmuş Torpağa getməyə hazır deyildilər. Beləliklə, siz
öz acı girdabınıza düşəndə deyinməyə başlayırsınızsa,
başa düşün: daxilinizdə həllini gözləyən problem var;
Allah bu problemi həll etmək üçün sizi buraya qəsdən
gətirib, amma siz kömək etməsəniz O bunu edə bilməz.

Müqəddəs Kitab birmənalı şəkildə bizə xəbərdarlıq
edir: biz sınaqlarla üzləşəcəyik. Bu, həqiqət dəfələrlə
qeyd olunur. Yaqub 1:2-4 aydın yazır:

*"Ey qardaşlarım, müxtəlif sınaqlarla üzləşəndə bunu
böyük bir sevinc hesab edin...".*

Bu sözləri oxuyanda mən həmişə özümə sual verirəm:
«Sınaqlara düşəndə mən heç sevinirəmmi?" Sınaqlara
düşəndə siz heç sevinsizmi? Siz Rəbb ilə irəli gedərək
hər cür sınaq ilə üzləşirsiz. Bunu sevinc hesab edirsiz-
mi? Siz «Şükür! Bu sınağa görə Allaha həmdlər olsun!»
deyirsizmi? Yoxsa İsraillilər kimi deyinməyə başlayırsız:
«Rəbb, niyə buna imkan verdin? Ey Allah, elə bilirdim,
Sən hər şeyi nəzarət altında saxlayırsan. İndi isə bil-
mirəm neyləyim».

Yaqub davam edir:

*"Bilirsiniz ki, imanınızın sınaqdan keçməsi dözüm ya-
radır. Dözüm də öz əməlini kamil etsin ki, siz yetkin
və kamil adamlar olasınız, heç bir çatışmazlığınız olma-
sın".*

Məsihçi xarakterində dözüm – mühüm xusiyyətdir.
Dözüm əldə etməsək, Allahda olan məqsədlərə heç vaxt
nail ola bilmərik. Dözüm imanın sınağı zamanı yaranır.
Xasiyyətinizdə dözümü yaratmağın yalnız bir yolu var,
bu da inadla dözməkdir. İnadla dözmək üçün siz dö-

züm tələb edən vəziyyətə düşməlisiniz.

Yaqub deyir: «Dözüm də öz əməlini kamil etsin ki, siz yetkin və kamil adamlar olasınız, heç bir çatışmazlığınız olmasın». Allahın məqsədi odur ki, siz yetkin, tamamilə böyümüş, mükəmməl, tam formalaşmış məsihçi xarakterə malik olasınız və sizin heç bir çatışmazlığınız olmasın. Siz bunu istəyirsizmi? Siz yetkin və mükəmməl olmaq istəyirsinizmi? İstəyirsiz ki, heç bir çatışmazlığınız olmasın? Bunu istəməmək olarmı? Əgər siz bunu istəyirsinizsə, siz prosesdən keçməlisiz. Acı girdab bu prosesin bir hissəsidir.

Acı girdaba düşəndə iki cür münasibət göstərə bilərsiz: İsrailliilər kimi imansızlıq ilə deyinmək, yaxud Musa kimi iman ilə dua etmək. Siz hansını edəcəksiz? Növbəti dəfə acı girdaba düşəndə siz nə edəcəksiz?

Musa dua etdi və Allahı çağırdı. Rəbbdən başqa yardım heç bir yandan gələ bilməzdi. Musa imansızlıqla deyinmək əvəzinə imanla dua edəndə Allah ona yeni vəhy verdi.

İsraili acı girdaba gətirmək Allahın məqsədi idi. Allah onlara yeni bir həqiqəti öyrətmək istəyirdi. Onları bu vəziyyətə saldı ki, verəcəyi vəhy onlar üçün məqsədəuyğun olsun. Allah Özü haqqında vəhy açıqladı.

Bu vəhyə daha sonra yenidən diqqət yetirəcəyik. İlk növbədə, Allah onlara suya şəfa verən ağacı göstərdi. İkincisi və daha vacibi: Allah Özünü şəfa verən Rəbb kimi onlara göstərdi. Bu, acı girdabın son məqsədidir.

Mən bu prinsipin çox qısa formada təsvirini eşitmişəm. Əslində, ilk dəfə bunu eşidəndə xoşum gəlmədi, çünki həyatımın istəmədiyim kimi olacağını deyirdi! Təsvir belədir: «İnsanın məyusluğu Allahı məyyus edir».

Əvvəllər qeyd etdiyim kimi, biz hamımız məyusluq ilə üzləşmişik. Məyusluq, doğrudan da, acı girdabdır. Çox yüksək şüylərə ümid edəndə siz irəliləyirsiniz və hər şey yaxşı görünür. Sonra isə hər şey dağılıb uçur, sizə yalnız məyyusluq və boşa çıxmış ümidlər qalır. Bu acı girdabdır.

İstəyirəm bunu başa düşəsiz: bu acı girdaba sizi Allah girib. Əgər o acı girdabda düzgün münasibət göstərsəniz Allah sizin üçün yaxşı şey hazırlayıb. «İnsanın məyusluğu Allahı məyyus edir».

Bu, insanın təbiətinə aiddir. Hər şey yaxşı, həyat asan olanda, əksəriyyətimiz üzdən yaxşı oluruq. Biz hər şeydən razı oluruq: dua evinə getməkdən, 10% ödəməkdən, dua etməkdən, mötəbər həyatımızdan... Allahın isə bizim üçün daha böyük və daha dərin mənalı niyyətləri var. Hər halda, O, bizi acı girdaba salır. Sonra, əzab və məyusluq içində, biz Musa kimi fəryad edirik. Bunu etsək Allahdan daha dərin və daha dolğun vəhy alırıq. Bunu yalnız acı girdabda almaq olur.

Əgər keçmişdə acı girdabda olmusunuzsa və ya əgər siz indi acı girdaba düşmüsünüzsə, sadəcə, yadda saxlayın: "İnsanın məyusluğu Allahı məyyus edir».

～✣ ✣～

Mən üç min il əvvəl yazılmış Əhdi-Ətiqdəki əhvalatdan sizə bir neçə ibrət dərsi keçdim və bu dərslər müasir həyatda da aktualdır.

Birincisi, böyük qələbələr bizi böyük sınaqlara hazırlayır. Həyatımızda baş verən böyük qələbə o demək deyil ki, daha heç vaxt sınaq ilə üzləşməyəcəyik. Əksinə, bu o deməkdir ki, növbəti sınaq üçün biz daha yaxşı təchiz olunuruq.

İkincisi, acı girdab Allahın planındadır. Allahın Öz xalqını acı girdaba salmasında məqsədi var idi. Allah Özü onları acı girdaba saldı. Bu, həyatımızda olan həqiqətdir. Acı girdab Allahın planının bir hissəsidir. Allahın məqsədi var.

Üçüncüsü: əsas məsələ həyatımızda sınağın olub-olmaması deyil, sınağa münasibətimizdir.

Dördüncüsü: acı girdabda iki münasibət ola bilər: adamlar deyinirdi, Musa isə dua edirdi. Deyinən adamlar heç nə əldə etmədilər; dua edən kəs isə cavab aldı.

Növbəti prinsip bundan ibarətdir: Musanın iman ilə duasına cavab olaraq, Allah Özü haqqında yeni vəhy ilə cavab verdi. Allahın məqsədi belə idi: Özü haqqında onlara vəhyi vermək üçün onları müvafiq yerə gətirmək gərəkdir. Bunu qısaca belə demək olar: «İnsanın məyusluğu Allahı məyyus edir».

2

ŞƏFA AĞACI

İndi biz Allahın acı girdabda Öz xalqına verdiyi vəh-
yə nəzər salacağıq. Vəhyin iki aspekti var idi. Birin-
cisi, şəfa verən ağaca aid vəhy. İkincisi, şəfa verən Allaha
aid vəhy.

Biz həmin ağac haqqında danışan ayəyə xüsusi nəzər
salacağıq:

*"Musa Rəbbə fəryad etdi və Rəbb ona bir ağac göstərdi.
Musa onu suya atdı və su şirin oldu"*   Çıxış 15:25.

Beləliklə, problemin həlli ağacda tapıldı.

Həmin ağac Müqəddəs Kitabın əsas mövzusunun
bəhs etdiyi ağaca işarə edir. Bu, təxminən 2,400 il əvvəl,
Qolqofa adlanan təpədə qaldırılmış ağac – çarmıxdır.
Müqəddəs Kitabda siz hər dəfə ağac haqqında oxuyan-
da diqqət yetirin: bu, İsanın çarmıxına işarə edirmi?

Biz əvvəllər izah etdiyim İbrani dilində «ağac» sö-
zünün istifadə edilməsini başa düşmək lazımdır. İbrani
dilində «ağac» sözü bitən ağac üçün istifadə olunur; la-
kin qırılmış ağac üçün də istifadə olunur. Uzun dirək də
ağac adlanır. Beləliklə, dar ağacı və ya çarmıx da ağac
adlanır.

Buna aid bir neçə misal var və biz onlardan bir neçəsini nəzərdən keçirəcəyik. İlk növbədə, Qanunun Təkrarı 21:22-23 yazır:

"Əgər bir adam bir günahdan ötrü ölüm cəzasına məhkum olunub ağacdan asılırsa, meyiti gecə ağacda asılı qoymayın, mütləq onu həmin gün basdırın, çünki asılan adam Allahın lənətinə düçar olub. Allahınız Rəbbin irs olaraq sizə verəcəyi torpağı murdarlamayın".

Beləliklə, Əhdi-Ətiqdə ağacdan asılan adamın edamının tərzinə riayət olunurdu. Bəzən adamı öldürəndən sonra ağacdan asırdılar, bəzən isə ağacdan asaraq edəm edirdilər. Amma Musanın Qanunu bəyan edir ki, meyit ağacın üstündə qalmamalıdır, çünki ağacdan asılan adam Allahın lənətinə düçar olub.

Yadınızdadırsa, İsa çarmıxda öləndən sonra Yəhudi dini rəhbərləri meyiti ağacdan çıxarmaq üçün Ponti Pilatdan gedib icazə istədilər, çünki növbəti müqəddəs gün üçün onun ağacda qalmasını istəmirdilər. Onlar həmin lənəti müqəddəs gündə görmək istəmirdilər.

Qalatiyalılara məktubunda İsanın çarmıxda ölümünün əhəmiyyətini tam izah etmək üçün Paul Əhdi-Ətiqin Qanunun Təkrarı kitabından bu ayəni istifadə edir. Paul Qalatiyalılara 3:13-14-da deyir:

"Məsih bizim uğrumuzda lənətlənərək bizi Qanunun lənətindən satın aldı. Çünki yazılıb: «ağacdan asılan hər kəsə lənət olsun!» Belə ki İbrahimin aldığı xeyir-dua Məsih İsada bütün başqa millətlərin üzərinə gəlsin və biz vəd edilmiş Ruhu iman vasitəsilə alaq".

Görürsünüz ki, Allahın xilas planında İsa Adəmin

günahkar nəslinin lənətini üzərinə götürdü. Bizi lənət-
dən azad etmək üçün İsa lənəti üzərinə götürdü. Lənə-
tin əvəzinə İsa bizə xeyir-duanı miras verdi. İsanın bizə
görə lənətli olmasının sübutu – Onun ağacdan, çarmıx-
dan asılmasıdır. Allahın Kəlamını oxuyanlar bilirdi ki,
Allahın məqsədinə uyğun olaraq, bizə xeyir-dua vermək
üçün İsa lənətli oldu.

Bu, mübadilədir: İsaya lənətli oldu ki, biz xeyir-dua
ala biləl. Bu, Marahın suları kimidir: İsa acını götürdü
ki, biz şirin suyu içə biləl. O, lənəti üzərinə götürdü ki,
biz xeyir-dua ala biləl.

Suya atılan ağac haqqında düşünəndə İsanın çarmıxı
barədə fikirləşin: İsa acı lənəti götürdü ki, xeyir-duanın
şirinliyi bizdə olsun. Musanın ağacı suya atmasının rəm-
zi budur: çarmıxda bizim üçün əldə edilən xeyir-duanı
sizi və mən qəbul edərək öz acı girdabımızı şirin edirik.

Mən çarmıxı ağac kimi təsvir edən daha bir ayəyə is-
tinad etmək istəyirəm:

"O, bədəni çarmıxa çəkilərək bizim günahlarımızı
Öz üzərinə götürdü ki, biz günaha münasibətdə ölüb
salehlik üçün yaşayaq. Onun yaraları ilə siz şəfa
tapdınız" 1 Peter 2:24.

Yenə də, İsa günahı üzərinə götürdü ki, biz Onun sa-
lehliyini qəbul edə biləl. O, yaralandı ki, biz şəfa tapa
biləl. Bütün bunlar çarmıxa aid istifadə edilən «ağac»
sözündən gəlir. Məhz həmin ağacda bütün insan irqi
tam şəfa tapdı: günahlardan mənəvi şəfa, xəstəliklərdən
fiziki şəfa, lənətdən azadlıq, xeyir-duanı miras almaq
hüququ. Bütün bunlar çarmıx olan bu ağac vasitəsilə
əldə olundu.

Şirin etmək üçün acı suya ağacı atan Musanı təsəvvür etdiyiniz kimi, çarmıxın həqiqətini götürən, onu həyatınıza tətbiq edən və acı girdabınızı şirinə çevirən özünüzü də təsəvvür edin.

İsanın çarmıxı olan ağacdan gələn şəfa və azadlıq iman hərəkəti ilə həyatımızda tətbiq olunmalıdır. Musa, imanla, acı suya ağacı atdığı kimi, biz də acı girdaba düşəndə imanla hərəkət etməliyik. İsanın çarmıxda əldə etdiklərinə inanmalıyıq və, məcazi mənada, acı girdaba ağacı atmalıyıq. Bu iman hərəkəti İsa Məsihin çarmıxında olan möcüzəvi qüvvəni fəal edir və acı su şirin suya çevrilir.

Mən sizə acı girdaba düşəndə tətbiq edə biləcəyiniz bəzi sadə, təcrübi məsləhətlər vermək istəyirəm. Bunlar acı girdabı şirin edəcək. İlk növbədə, acı girdabın Allahın planında olduğunu etiraf edin. Allah sizi oraya saldı. O bu haqda hər şeyi bilir və Onda çıxış yolu var.

İkincisi, acı girdabın üzə çıxartdığı xasiyyətinizin hər hansı qüsurunu təmizləməyə Allaha imkan verin. Əgər siz dua etmək əvəzinə deyinsəniz, bilin ki, Müqəddəs Ruh sizdəki problemi həll etməlidir.

Üçüncüsü, İsanın çarmıxda sizin üçün əldə etdiklərini imanla qəbul edin. «O, bədəni çarmıxa çəkilərək bizim günahlarımızı Öz üzərinə götürdü ki, biz günaha münasibətdə ölüb salehlik üçün yaşayaq. Onun yaraları ilə siz şəfa tapdınız». Ayə demir: «sən şəfa alacaqsan», yaxud «sən şəfa alırsan». Allah deyir ki, siz artıq şəfa tapdınız. Bu, tamam oldu, yerinə yetirildi.

Dördüncü və ən əhəmiyyətli addım budur: İsanın sizin üçün etdiklərinə görə Allaha şükür etməyə başlayın. Ehtiyac duyduğunuz hər şeyi – bağışlanmanı, şəfanı (emosional və ya fiziki); narazılıqdan, kədərdən, üsyandan, çaşqınlıqdan azadlığı Ondan minnətdarlıqla qəbul etməyə başlayın. İmanla Allaha minnətdarlıq etmək suya ağacın atılmasına uyğundur. İmanımızın ən təmiz ifadəsi – sadəcə təşəkkür etməkdir. Heç bir dəyişikliyi görmədən, əlamət gözləmədən, lakin Allahın İsanın çarmıxı haqqında dediklərinə inanaraq təşəkkür etməkdir. Bizim üçün çarmıxda etdiklərinə görə Ona təşəkkür etməyə başlayın. Allaha təşəkkür edəndə acı suyu şirin etmək üçün möcüzəvi güvvə fəal olur.

İndiyədək qeyd etdiyimiz əsas ibrət dərsləri bunlardır.

Birincisi, böyük qələbələr bizi böyük sınaqlar üçün hazırlayır.

İkincisi, acı girdab Allahın planındadır. Allah Özü bizi məqsədlə bu acı girdaba saldı.

Üçüncüsü, məsələ həyatımızda sınağın olub-olmaması deyil, sınağa münasibətimizdir.

Dördüncüsü, bu hadisədə iki alternativ münasibət göstərilir: adamlar deyindi, Musa isə dua etdi. Adamlar heç nəyi əldə etmədi, Musa isə Allahdan cavab aldı.

Beşincisi, Musanın imanla duasına cavab olaraq Allah Öz vəhyini verdi. Bu, Allahın məqsədi idi. Allah xalqına Özü haqda daha böyük vəhy vermək üçün onları buraya gətirdi.

Əvvəlki bölmədə, biz vəhyin birinci aspektinə nəzər saldıq: şəfa verən ağac. Mən göstərdim ki, İbrani dilində «ağac» sözü həm bitən, həm də kəsilmiş ağaca aiddir. Bu söz dar ağacı, həm də çarmıx üçün də istifadə edilir. Sizin və mənim acı girdabımı şirin edən üç şey var: Çarmıxda İsa lənətli oldu. Əhdi-Ətiq deyir: "asılan adam Allahın lənətinə düçar olub». İsa lənətli oldu ki, biz xeyir-dualı olaq. İsa acı suyu içdi ki, biz şirin sudan zövq ala bilək. Çarmıxda İsa yaralandı ki, biz şəfa tapa bilək. Çarmıxda İsa Məsihin əvəz edən, günahını yuyan qurbanı hər bir insanın ehtiyacını ödədi. Bu, şəfa verən ağacdır. Bu ağaca aid vəhy – çarmıxda İsanın sizə və mənə görə ölümünün mənasıdır.

3

RƏBB BİZƏ ŞƏFA VERƏNDİR

Vəhyin ikinci aspektinə nəzər salmaq istəyirəm: bizə Şəfa verən Rəbb. Hər dəfə Allah ilə əlaqədə olanda, Allahdan təminatı qəbul edəndə biz təminata deyil, Təmin edənə baxmalıyıq. Təminat ağac idi, Təmin edən isə – Rəbb. Allah ağacın vəhyini İsrailə sadəcə vermədi; ağacın vəhyi onlara şəfa verən Rəbbin vəhyinə gətirib çıxartdı. Mən Çıxış 15:25-26-ya yenidən istinad edirəm:

> "Musa Rəbbə fəryad etdi və Rəbb ona bir ağac göstərdi. Musa onu suya atdı və su şirin oldu. Orada İsrail övladlarını sınağa çəkdiyi yerdə Rəbb onlar üçün qayda-qanun qoyaraq dedi: 26 «Əgər siz Allahınız Rəbbin səsinə qulaq asıb Onun gözündə doğru olsanız, Onun əmrlərini dinləyib bütün qanunlarına riayət etsəniz, Misirlilərə verdiyim xəstəliklərin heç birini sizə verməyəcəyəm. Çünki sizə şəfa verən Rəbb Mənəm»".

Əsas vəhy təminata deyil, Təmin edənə aiddir. Bu həqiqətdən siz möhkəm tutmalısınız. Allahın verdiyi hər bir həqiqəti tədqiq etsək görəcəyik ki, vəhy Allahın Özünə bizi gətirib çıxaracaq. «Sizə şəfa verən Rəbb Mənəm».

Şəfa verən Həkim Rəbdir. Bu, üç min il boyunca dəyişməmişdir və belə olaraq qalır. Biz bunu başa düşməliyik. Rəbb Öz xalqının həkimi olmağı arzulayır. Adamları acı suların yanına gətirəndə Rəbbin vermək istədiyi vəhy məhz bu idi. İnsan öz ağlı ilə Allahın vəhyini dərk edə bilməz. Adətən, vəhyə eytiyac duymaq üçün biz müəyyən bir vəziyyətə düşməliyik.

Bir çox il bundan əvvəl, mən bir il xəstəxanada yataqda qaldım və həkimlər heç nə edə bilmirdilər. Müqəddəs Kitab və Müqəddəs Ruh vasitəsilə Rəbb Özünü həkim kimi mənə göstərdi. «Sənə şəfa verən Rəbb Mənəm". Bu vəhyə bizi O Özü gətirir.

Bir şeyi başa düşməliyik: Allah heç vaxt dəyişmir. O, sadəcə o vaxt Öz xalqının həkimi deyildi. O, həmişə Öz xalqının həkimidir. Əhdi-Ətiqin sonunda Malaki 3:6-da deyilir:

"Mən Rəbbəm və heç vaxt dəyişmirəm".

Rəbb əbədi keçmişdə olub, Rəbb hal-hazırda mövcuddur və Rəbb əbədi gələcəkdə olacaq. O dəyişmir. O, bizim həkimimizdir.

Sonra, Əhdi-Cədiddə, İbranilərə 13:8-də yazılır:

"İsa Məsih dünən, bu gün və əbədi olaraq eynidir".

Çox vaxt biz keçmişə və ya gələcəyə aid yazılanlara inanırıq. Bəs bu gün necə? Biz Müqəddəs Kitabda bəhs edilən hadisələrin həqidi olduğuna inanırıq, səmalarda olanda baş verəcək hadisələrin həqiqiliyinə əminik. Ancaq gəlin unutmayaq: bu, həmçinin, bugünə də aiddir. İsa Məsih yer üzündə yaşayanda olduğu kimi bu gün eynidir. Allah acı suların yanında olduğu kimi, bu gün də eynidir. O bizim həkimimizdir, bizə şəfa verəndir.

Əhdi-Cədiddə İsanın yer üzündə xidmətini dəqiq təsvir edən bir ayə var. Bu ayə başqaları ilə müqaisədə, daha tam məlumat verir: Həvarilərin İşləri 10:38. Peter Korneliyin ev əhlinə müraciət edir və İsanın yer üzündəki xidməti barədə şahidlik edirdi:

"Allah Nazaretli İsanı Müqəddəs Ruhla və qüdrətlə məsh etdi. İsa xeyirxahlıq edərək hər yanı gəzib iblisin təzyiqinə məruz qalanların hamısını sağaltdı. Çünki Allah Ona yar idi"

Əbədi Allahın hər üç şəxsi bu ayədə qeyd olunur: Ata Allah Müqəddəs Ruh ilə Oğul İsanı məsh etdi. Nəticədə nə oldu? Şəfa, azadetmə, İsanın təmasa olduğu hər kəsin mükəmməlliyi. Mənə elə gəlir ki, (mən bunu xüsusi ehtiramla demək istəyirəm) insan irqinə xeyir-dua verməyə gələndə İlahi Şəxslərin arasında sanki, qısqanclıq yaranır. Heç biri kənarda qalmaq istəmir. Ata Ruh ilə Oğlu məhs etdi ki, onların hamısı bu mərhəmət və azadetmə xidməti vasitəsilə adamları mükəmməl etsinlər. Bu, Allahın əbədi təbiətinə aid vəhydir. Allah Öz adamlarına Marah sularının yanında ehtiyac duymağa imkan verdi ki, onlar vəhyi qəbul edə bilsinlər.

Əgər siz bu gün ehtiyac içindəsinizsə, özünüzü acı girdabda hiss edirsinizsə, məsləhət edirəm belə münasibətiniz olsun: Allah buna izn verdi. Allah buradadır. Onun planı var. Mən deyinməyəcəyəm, mən dua edəcəyəm. Mən Allahdan gözləyəcəyəm, Ona mənimlə da-

nışmağa imkan verəcəyəm. Bu vəziyyətdə mənim üçün
hazırladığı vəhyi mənə verməyə Ona imkan verəcəyəm.

Mən bir daha qeyd etmək istəyirəm: Allahın məqsə-
di sadəcə ağacı göstərmək deyil, Özünü göstərmək idi.
Mən fikirləşirəm ki, bu həqiqət bu gün bir çox məsih-
çilərə çatdırılmalıdır. Allah istəmir ki, biz böyük bir təc-
rübə yaşayıb, təlimi və ya vəhyi qəbul edib bununla qane
olaq. Bizə verilən şeylərə görə Allaha şükürlər olsun, la-
kin biz bunları qəbul edib dayana bilmərik. Bunların hər
biri, müəyyən mənada, fanidir. Biz əbədi Allaha ehtiyac
duyuruq. Aldığımız hər bir həqiti təlim və ya vəhy nəti-
cədə bizi Allaha istiqamətləndirəcək.

Bu prinsipi nümayiş etdirən bir neçə ayəyə nəzər sal-
mağınızı xahiş edirəm.

*"Misirlilərə nələr etdiyimi, sizi qartal qanadlarında
daşıdığım kimi yanıma gətirdiyimi siz özünüz gördünüz"*
                                                Çıxış 19:4.

Fikir verin ki, Allahın məqsədi İsrail xalqını sadəcə
Qanuna, sadəcə əhdə, sadəcə vəd olunmuş torpağa de-
yil, Özünə tərəf gətirmək idi. Allahın məqsədi həmişə
budur.

*"Cismim və ürəyim taqətdən düşsə belə, daim, ey Allah,
qəlbimin qüvvəti, nəsibimsən"*   Zəbur 73:26.

Allah mənim payımdır. Allahdan kiçik olan heç bir
şey ilə qane olmayacağam.

*"Allah xilasımdır, Ona güvənəcəyəm və qorxmayaca-
ğam, Çünki Rəbb Allahımız qüvvətim, məzmurumdur,
O mənə xilas verdi!"*   Yeşaya 12:2.

Bu vəhydir. Siz kilsə deyil, təlim deyil, təcrübə de-
yil, ancaq "Rəbb mənim xilasımdır" deyə biləndə yal-
nız arxayın ola bilərsiniz. Onda siz tam vəhyi qəbul
edəcəksiniz. Ağac ilə qane olub dayanmayın. Təcrübə
ilə qane olub dayanmayın. Bunlar böyük xeyir-dua ola
bilər, lakin siz həmişə Rəbbin Özünə aid vəhyə tərəf
gedin.

Sonra, İsanın o gözəl sözləri:

*"Ey bütün yorğunlar və yükləri ağır olanlar, Mənim
yanıma gəlin, Mən sizə rahatlıq verərəm"* Matta 11:28.

Bu, ən mühüm dəvətdir: "Mənim yanıma gəlin, Mən
sizə rahatlıq verərəm". Allahın İsanın Özündə izhar et-
diyindən az olan şeylərlə kifayətlənməyin. Oun yanına
gəlin. O sizə rahatlıq verəcək.

Görürsünüz ki, insan ürəyi susayır. İnsan ürəyi fani
bir şey ilə heç vaxt kifayətlənə bilməz. Son nəticədə, bi-
zim hamımıza Allah gərəkdir və biz Onu tanımalıyıq.

❧ ☙

"Həyatın acı girdabı" kitabı İsrayıllılarin səhrada Ma-
rahın acı suları ilə olan təcrübəsinə əsaslanmışdır. Mən
dedim ki, hər birimizin həyatında acı girdab var. Bu,
məyyusluq yeridir, burada parlaq və bərq vuran, gözəl
görünən şeylər əslində göründüyü kimi deyil.

Müasir həyatda acı girdabların bəziləri bunlardır:
pozulmuş nikah, işdə uğursuzluq, xəstəlik, rəhbər ilə
münasibətlərin pozulması. İsrailin tarixində baş vermiş
hadisəni öyrənərək biz acı girdabın Allahın İsrail üçün
hazırladığı planında olduğunu gördük. Mən hesab
edirəm ki, bu həqiqət hər birimizin həyatına da aiddir.

Allah bizə acı girdaba düşməyimizə imkan verir, çünki Onun məqsədi var. Allahın məqsədi yerinə yetəndən sonra isə, əgər biz Allahın işlərinə düzgün münasibət bəsləsək, Allahın fövqəltəbii Kəlamı vasitəsilə acı şirinə dönür. Düzgün cavab verməyimiz çox əhəmiyyətlidir.

4

DİRİLMƏDƏN ƏVVƏL ÖLÜM

Bu bölmədə mən həyatımızın hər bir sahəsinə aid olan bu mühüm həqiqəti izah edəcəyəm. Əslində, mən deyərdim ki, Allah bu prinsipi kainatın quruluşuna daxil etmişdir. Bu prinsipi əks etdirən iki ayəni sizə çatdırmaq istərdim. Birincisi Əhdi-Ətiqdə, ikincisi isə Əhdi-Cədiddədir.

Birinci ayə Huşə 2:14-16-dır. Gördüyümüz kimi, bu peyğəmbərlik sözü bu gün yerinə yetir. Bu, Allahın Öz xalqı olan İsrailin bərpasına aid vəddir. Allah İsraili Özü üçün, onlara hazırladığı xeyir-dua vermək üçün, torpaqlarını onlara qaytarmaq üçün vəd verib. Bu ayə bunun necə baş verəcəyini təsvir edir. Ayəni diqqətlə oxuyun, çünki çox vaxt Allahın üsulları bizim təsəvvür etdiklərimizdən fərqli olur. Buna görə də biz diqqətli olmalıyıq, əks halda Allahın etdiklərini gözdən qaçırarıq. Rəbb deyir:

«Mən onu dilə tutub səhraya aparacağam, onun ürəyincə olan sözlər deyəcəyəm».

«Dilə tutmaq» o deməkdir ki, biz tamamilə başa düşməsək də, tabe oluruq.

O, «səhraya aparacağam, onun ürəyincə olan sözlər deyəcəyəm» deyir. Ancaq, özünüz də bilirsiniz ki, bizim ürəyimizcə danışmaq Allah üçün həmişə mümkün olmur. Bəzən biz qapalı oluruq. Bəzən biz həssas olmuruq. Beləliklə, Allah bizim həyatlarımızda işləməlidir və İsraili səhraya gətirdiyi kimi, bizi də elə vəziyyətlərə gətirməlidir ki, bizimlə danışa bilsin.

Bir dəfə Allah İsrailin diqqətini Özünə cəmləyəndən sonra belə demişdir:

«Orada ona üzüm bağları verəcəyəm, Akor Vadisini ümid qapısına çevirəcəyəm. Cavanlıq günlərində olduğu kimi, Misir torpağından çıxdığı gün kimi orada nəğmə oxuyacaq».

İbrani dilində "Akor" sözü «bəla» deməkdir. Başqa sözlə: «Mən Bəla Vadisini ümid qapısına çevirəyəm». İbrani dilində «*ümid* qapısı» ifadəsi "Petah Tikva"-dır. Bu gün Təl-Əvivin əsas qəsəbələrindən biri belə adlanır və bu ad bu ayədən götürülmüşdür.

Biz acı girdab hekayəsindən əvvəl Məryəmin və İsrailin bütün qadınlarının Qırmızı Dənizin sahilində şükür nəğməsini oxuduqlarını gördük. Allah burada deyir: «Misir torpağından çıxdığı gün kimi orada nəğmə oxuyacaq». Ola bilsin, bəziləriniz şükür nəğmənizi unutmusunuz. Məsihçinin şükür nəğməsini unutması faciəvidir. Əvvəllər ürəyinizdə nəğmə var idi; Rəbbə şükür edərək sərbəst və ürəkdən nəğmə oxuyurdunuz. İndi isə ürəyinizdə ağırlıq, şübhə və ya rədd hissi var. Allah nəğmənizi sizə qaytarmaq istəyir.

"Cavanlıq günlərində olduğu kimi, Misir torpağından çıxdığı gün kimi orada nəğmə oxuyacaq".

İndi biz Allahın məqsədinə – Onun vəhyinə gəlib çatdıq. Acı girdabda Allahın bizə vermək istədiyi Özü haqqında vəhy var. Rəbb bəyan edir:

«Həmin gündə Mənə "ərim" deyəcəksən, artıq "ağam" deməyəcəksən».

Əhdi-Ətiqə görə, İsrail Rəbb ilə olan münasibəti nigah münasibəti idi, onlar isə Onu Baal və ya Ağa kimi tanıyırdılar. Bu, qəlbdən bağlılığa, ürəkdən gələn dərin sevgiyə əsaslanan əsl münasibət deyildi. Ancaq Allah deyir: bərpa olunandan sonra Məni daha dərindən tanıyacaqsınız. Məni daha «Ağa» deyil, «ərim» adlandıracaqsınız. İbrani dilində «Ər» çox intim sözdür. Əslində, Allah deyilr: «Mən sənə Özümü başqa cür göstərəcəyəm. Mən sənə Özümü arvadını sevən Ər kimi göstərəcəyəm». Bu, sevgi və böyük mehribançılığa aid vəhydir.

Allahın məqsədi İsrailə Özü haqda yeni vəhy vermək idi. Tarixdə və müasir dövrdə də, Allahın İsrailə göstərdiyi sonsuz müdrikliyini və səbri görəndə, öz həyatıma görə də çox ruhlanıram. Allah İsrail milləti ilə bu qədər səbrlidirsə, onda O mənimlə də səbrli ola bilər. Hətta Bəla Vadisindən keçsəm belə, dözümlü olsam, təslim olmasam, geri qayıtmasam, deyinməsəm, şikayət etməsəm, onda Bəla Vadisi mənim üçün Ümid Qapısına çevriləcək. Bu qapı məni Rəbb haqda, Onun sevgisi, Onun rəhmi haqda yeni və daha tam vəhyə gətirəcək. Bəzən biz yalnız dərdli vaxtlarda Allahın rəhminə və məhəbbətinə əsl qiymət verə bilərik.

Əgər siz acı girdabdasınızsa, yadda saxlayın: əgər Allaha sizinlə danışmaq imkanını versəniz O sizə Özünü göstərəcək.

İndi mən Əhdi-Cədiddən olan ayədə sizə eyni prinsipi göstərmək istəyirəm. Paul öz ağır təcrübələri haqqında çox açıq yazır.

"Asiya vilayətində çəkdiyimiz əziyyətlərdən bixəbər olmağınızı istəmirəm. Gücümüzdən daha artıq bir yük altında qaldıq. Hətta yaşamaqdan belə, ümidimizi kəsmişdik. Daxilən hiss etdik ki, ölümə məhkum olmuşuq. Amma bu özümüzə deyil, ölüləri dirildən Allaha güvənməyimiz üçün başımıza gəldi. Allah bizi belə bir böyük ölüm təhlükəsindən qurtardı və qurtarmaqda davam edəcək. Ümidimizi Ona bağlamışıq və siz də dualarınızla bizə kömək etdikcə bizi yenə qurtaracaq"
2 Korinflilərə 1:8-10.

Paul burada yaşadıqlarından danışır: "Gücümüzdən daha artıq bir yük altında qaldıq, yaşamaqdan ümidimizi kəsmişdik". Sizcə, Paulun başına gələnlər Allahın iradəsi deyildimi? Bu heç bir ayədə deyilmir. Paul Allahın məqsədini yerinə yetməklə məşğul idi; Allah Pauldan istifadə edirdi və Paulun başına gələnlər Allahın iradəsi idi. Allah Paulun elə vəziyyətə düşməsinə izn verdi ki, Paul artıq yaşamaqdan ümidini kəsmişdi.

Heç belə şey sizinlə baş veribmi? Nə vaxtsa «Daha bacarmıram. Bundan böyük yükə daha dözə bilmərəm. Allah, niyə buna izn verdin?» deyə fikirləşmisinizmi? Paul və Rəbbin bir çox başqa xidmətçisi sizdən əvvəl bundan keçmişlər və buna səbəb var. Səbəbini Paul bəyan edir: "Bu özümüzə deyil, ölüləri dirildən Allaha güvənməyimiz üçün başımıza gəldi".

Allah elə bir yerə bizi gətirmək istəyir ki, özümüzə arxayın ola bilməyək; biliyimiz, təcrübəmiz, gücümüz və bacarığımız çatmasın. Biz ölümlə rastlaşırıq və bu vəziyyətdə Allah möcüzə edərək bizi dirildir və həyatımız daha əvvəlki kimi olmur. Allah həmişə bizi irəli aparır. Ancaq O bizi yeni həyata diriltmək istəyirsə, bizi ölümə gətirməlidir.

Mən bunu öz həyatımda yaşamışam. Yadımdadır, bir dəfə Allaha fəryad edib dedim: «Ey Allah, niyə Sən yalnız əvvəlcə ölən, sonra isə dirilən şeylərə xeyir-dua verirsən?" Mən hiss etdim ki, Allah mənə belə cavab verdi: "Mən nəyisə dirildəndə istədiyim vəziyyətdən onu dirildirəm».

Beləliklə, əgər siz ölümdən keçirsizsə, yadda saxlayın: Allah dirildib yeni həyat verir. Allahın yeni, daha dərin vəhyi var. Allahdan möhkəm tutsanız, Ona etibar etsəniz və Ona inansanız Onu daha çox tanıyacaqsınız.

MÜƏLLIF HAQQINDA

Derek Prins (1915-2003) Hindistanda britaniyalı ailədə doğuldu. O, İngiltərədə Eton Kollecində və Kembricin King's Kollecində yunan və latın dilləri üzrə təhsil alıb alim oldu; King's Kollecində Qədim və Müasir Fəlsəfə üzrə dərnəyə rəhbərlik edirdi. Prins Kembricdə və Yerusəlimdə İbrani Universitetində İbrani, Arami, həmçinin müasir dilləri öyrənib. Tələbə ikən o, filosof olub və özünü aqnostik elan edib.

II Dünya müharibəsi ərzində Britaniya Tibb Korporasiyalarında olarkən Prins fəlsəfi iş kimi Müqəddəs Kitabı oxumağa başladı. İsa Məsihlə möhtəşəm görüşü nəticəsində imana gəldi, bir neçə gün sonra Müqəddəs Ruhla vəftiz olundu. Bu görüşdən o, iki nəticə çıxartdı: İsa Məsih sağdır və Müqəddəs Kitab həqiqi, bizə aid müasir kitabdır. Bu nəticələr onun həyatının gedişini tam dəyişdi. O, sonrakı həyatını Allahın Kəlamı olan Müqəddəs Kitabı öyrənməyə və öyrətməyə həsr etdi.

1945-ci ildə Yerusəlimdə ordudan tərxis olunandan sonra o, oradakı uşaq evinin banisi olan Lidiya Kristenslə evləndi. Evlənən kimi o, Lidiyanın övladlığa götürdüyü altı Yəhudi, bir Fələstin ərəbi və bir ingilis uşaqlarının – səkkiz qızın atası oldu. Birlikdə ikən, ailə 1948-ci ildə İsrail dövlətinin bərpa olunmasına şahid oldular. 1950-ci illərin sonunda Prins Keniyada pedaqoji məktəbin rəhbəri vəzifəsində xidmət edərkən ailə daha bir qızı övladlığa götürdü.

1963-cü ildə Prins Birləşmiş Ştatlara köçdü və Sietlda bir kilsədə pastorluq etdi. 1973-cü ildə Prins "Amerika Vəsatətçiləri"nin banilərindən biri oldu. Onun *"Dua və oruc vasitəsilə tarixi dəyişmək"* kitabı bütün dünya məsihçilərini öz hökumətləri üçün dua etmək məsuliyyətinə oyatmışdır. Bir çoxları bu kitabın gizli tərcümələrini SSRİ-də, Şərqi Almaniyada və Çexoslovakiyada kommunist rejimini dağıdan alət hesab edir.

Lidiya Prins 1975-ci ildə vəfat etdi, 1978-ci ildə Prins üç uşağı övladlığa götürmüş tənha ana Ruz Beykerlə evləndi. Birinci həyat yoldaşı kimi, ikinci həyat yoldaşı ilə də o, Yerusəlimdə Rəbbə xidmət edərkən görüşdü. Ruz 1981-ci ildən yaşadıqları Yerusəlim şəhərində 1998-ci ilin dekabr ayında vəfat etdi.

2003-cü ildə səksən səkkiz yaşında vəfat etmədən bir neçə il əvvəl Prins Allahın ona etibar etdiyi xidməti inadla davam edərək dünyaya səyahət etdi, Allahın açıqladığı həqiqətlərlə bölüşdü, xəstə və əzab çəkənlər üçün dua etdi, Müqəddəs Kitaba əsaslanan peyğəmbərliklərlə dünyada baş verən hadisələrlə bölüşdü. Beynəlxalq səviyyədə Müqəddəs Kitab alimi, ruhani patriarx kimi tanınan Derek altmış ildən çox altı qitəni əhatə edən təlim xidmətini qurdu. O, əllidən çox kitabın, altı yüz audio dərsliyin və yüz video dərsliyin müəllifidir; bunların çoxu yüzdən çox dilə tərcümə olunaraq nəşr edilmişdir. O, nəsilliklə lənət, Müqəddəs Kitabda İsrailin əhəmiyyəti və demonologiya kimi belə innovasiya mövzularının tədrisində aparıcılıq edib.

1979-cu ildə başlamış Prinsin radio verilişi təxminən iyirmi dilə tərcümə edilmişdir və həyatlara toxunmağa davam edir. Aydın və sadə yolla Müqəddəs Kitabı və onun təlimlərini izah etməkdən ibarət olan Derekin əsas ənamı milyonlarla insanlara iman təməlini qurmağa kömək etmişdir. Məzhəb və təriqətdən üstün olan yanaşması onun təlimini bütün irq və dindən olan adamlar üçün həm münasib, həm də faydalı etmişdir; yer kürəsi əhalisinin yarısından çoxu onun təlimi ilə tanışdır.

O, 2002-ci ildə dedi: «Arzu edirəm və əminəm, Rəbb də bunu arzu edir, bu Xidmət, Allahın altmış il əvvəl mənim vasitəmlə başladığı iş İsanın qayıdacağı günə qədər davam etsin».

Derek Prins Xidməti əsasən Avstraliya, Kanada, Çin, Fransa, Almaniya, Niderland, Yeni Zelandiya, Norveç, Rusiya, Cənubi Afrika, İsveçrə, Birləşmiş Padşahlıq və Birləşmiş Ştatlar kimi ölkələrdə və ümumiyyətlə, dünyada fəaliyyət göstərən qırx beşdən çox Derek Prins ofisi vasitəsilə Prinsin təlimlərini yaymağa, missionerləri, imanlı cəmiyyət liderlərini və cəmiyyətləri öyrətməyə davam edir. Bu və beynəlxalq ofislər barədə məlumatı www.derekprince.com saytında əldə edə bilərsiniz.

www.ingramcontent.com/pod-product-compliance
Lightning Source LLC
Chambersburg PA
CBHW060642030426
42337CB00018B/3417